DESPERTE

SUA AUTOESTIMA

WILLIAM SANCHES

DESPERTE SUA AUTOESTIMA

BLINDE SUA AUTOESTIMA, CRIE AUTOCONFIANÇA E ATRAIA O QUE VOCÊ DESEJAR!

TREND editora

INTRODUÇÃO

Você já pensou que o espelho é feito para se amar?

E quantas vezes você já se olhou no espelho e se colocou para baixo?

Vivemos em um mundo que, cada vez mais, nos apresenta desafios em relação à nossa própria identidade. O bombardeio constante de padrões irreais, expectativas externas e cobranças sociais faz com que, muitas vezes, percamos o contato com quem realmente somos e com o que verdadeiramente importa: o nosso valor interno.

Cuidar da autoestima, então, não é apenas uma questão de se sentir bem consigo mesmo; é uma necessidade vital para o bem-estar mental, emocional e até mesmo físico. Sem autoestima, nosso potencial fica adormecido, nossas conquistas ficam limitadas, e a sensação de plenitude parece distante.

A autoestima não é um luxo reservado para aqueles que já alcançaram o sucesso. Ela é o ponto de partida, a base sobre a qual construímos todas as áreas da nossa vida. Cada conquista, cada relacionamento, cada oportunidade começa com a maneira como nos enxergamos. Quando falamos de autoestima, falamos do reflexo mais profundo do que acreditamos merecer, do respeito que cultivamos por nós mesmos e da confiança com que enfrentamos o mundo.

Mas o que significa, realmente, cuidar da autoestima?

Cuidar da autoestima é mais do que palavras de incentivo ou elogios passageiros. É um processo contínuo de autovalorização, de reconhecimento dos próprios méritos e de acolhimento das próprias imperfeições. É entender que você é digno de amor, sucesso e prosperidade, independentemente de qualquer circunstância externa. A autoestima não pode ser baseada apenas nos resultados que obtemos ou nas validações que recebemos dos outros. Ela precisa ser construída de dentro para fora, com bases sólidas no amor-próprio e no autocuidado.

Cada um de nós é responsável por construir e nutrir a própria autoestima. E isso significa tratar-se com respeito, cuidar das próprias necessidades e aprender a reconhecer o próprio valor em todas as áreas da vida. Quando você cuida da sua autoestima, estabelece limites saudáveis, busca o que lhe faz bem e recusa o que o diminui. Isso é essencial, porque o mundo ao seu redor sempre vai tratar você da forma como você permite. O respeito, o amor e o reconhecimento que você espera dos outros precisam começar com você.

A autoestima é o alicerce para uma vida próspera. Quando nos tratamos com o amor e o valor que merecemos, criamos uma energia que atrai oportunidades e relações saudáveis. As conquistas materiais, profissionais e emocionais se tornam consequências naturais desse processo de autocuidado. O mundo lhe oferece aquilo que você acredita merecer, e, quando sua autoestima está fortalecida, você abre espaço para que a prosperidade entre em todas as áreas da sua vida.

Este livro é um convite para despertar a sua autoestima e fortalecer a sua autoconfiança. Cada frase aqui presente foi cuidadosamente pensada para o inspirar e guiar a uma versão que se valoriza, se respeita e atrai a vida que deseja.

Não espere que o mundo mude primeiro para que você se sinta bem consigo mesmo. A mudança começa dentro de você. A autoestima não é algo que você "ganha" de fora; ela é algo que você cultiva diariamente. Quando você se trata com o valor que merece, tudo ao seu redor começa a se alinhar com esse valor. Relações mais saudáveis, oportunidades mais alinhadas aos seus sonhos e uma vida com mais plenitude são resultados naturais de uma autoestima cuidada com amor e intenção.

Ao seguir as reflexões e frases deste livro, lembre-se de que o processo de fortalecimento da autoestima é uma jornada, não um destino. Haverá momentos de altos e baixos, dias em que a confiança parecerá inabalável e outros em que a dúvida poderá surgir. Mas, ao longo desse caminho, o que importa é a consistência. Cada pequeno passo, cada pequena mudança de pensamento e cada novo hábito de autocuidado fazem parte do seu crescimento.

Ao dedicar-se a esse processo, você perceberá que a autoestima não é apenas a chave para se sentir bem internamente, mas também para prosperar externamente. Quanto mais você se ama, mais o mundo responde a esse amor com abundância, oportunidades e relacionamentos que refletem o valor que você se atribui.

Que este livro seja seu companheiro nessa jornada de autodescoberta e fortalecimento. Que cada reflexão o guie a enxergar seu próprio valor e a cultivar uma autoestima que não apenas resiste às adversidades, mas floresce em qualquer circunstância. E, acima de tudo, que você descubra ser merecedor do melhor que a vida tem a oferecer – simplesmente porque você já é o melhor.

Seja bem-vindo à sua jornada de despertar a autoestima.

William Sanches
@williamsanchesoficial

01 "O espelho foi feito para você se amar!"

Quando você se olha no espelho, o que vê reflete muito mais do que apenas sua aparência física — revela a relação que você tem consigo mesmo. O espelho deve ser um espaço de amor e aceitação, e não para se julgar. Diga não à voz interna cheia de críticas e inseguranças. A pergunta é: você está vendo amor-próprio ou está permitindo que a insegurança defina sua imagem? O que você sente internamente será projetado para o mundo. Ao se olhar com carinho e respeito, sua autoestima se eleva, e isso transforma a imagem que você apresenta para os outros. Lembre-se: o espelho foi feito para se amar — use-o para celebrar quem você realmente é.

"Quem cuida de si se prepara para conquistar o mundo."

O primeiro passo para alcançar grandes vitórias começa com o autocuidado. Quando você investe em si, mental, emocional e fisicamente, constrói uma base sólida para prosperar em todos os aspectos da vida. Antes de querer mudar o exterior, certifique-se de que o seu interior está bem cuidado.

"Não é egoísmo se colocar em primeiro lugar

Muitas vezes, colocamos os outros à frente de nós mesmos, negligenciando nossas necessidades. Mas só podemos dar o melhor para o mundo quando nos valorizamos e cuidamos de nós. Amar-se primeiro é essencial para ter energia e equilíbrio para ajudar os outros.

é uma necessidade para prosperar."

04

"A mente cria, o coração sente, e a **autoestima** materializa."

Pensamentos positivos são importantes, mas eles precisam estar alinhados com o sentimento de merecimento. Quando você acredita verdadeiramente no seu valor e sente isso no coração, sua autoestima se fortalece e suas conquistas se tornam inevitáveis. A criação começa na mente, mas se concretiza no amor por si mesmo.

> "Você não precisa de permissão para brilhar; **a luz vem de dentro.**"

05

Muitas vezes, esperamos a validação externa para nos sentirmos valiosos, mas essa aprovação nunca será suficiente se não vier primeiro de dentro. Pare de pedir permissão para ser quem você realmente é. O brilho da sua essência só aumenta quando você se permite brilhar, independentemente do que os outros dizem ou pensam.

06

"Autoestima é a **chave** que abre todas as portas da prosperidade."

Prosperidade não se limita ao financeiro, mas ao sentimento de plenitude e sucesso em todas as áreas da vida. E essa chave é sua autoestima. Quando você se valoriza e confia no seu potencial, as oportunidades surgem de maneiras inesperadas. Abra as portas que estão diante de você com a força da sua autovalorização.

07

"Você **merece** o melhor que a vida tem a oferecer — e isso começa com **acreditar** nisso."

Muitas vezes, acreditamos que o melhor da vida está reservado para os outros, mas essa é uma crença limitante que precisa ser superada. Quando você começa a acreditar verdadeiramente que merece o melhor, as circunstâncias começam a mudar. A prosperidade está sempre ao seu alcance, esperando você acreditar que é digno de recebê-la.

08

"O que você tolera define o que você **atrai.**"

Aceitar menos do que você merece é a raiz de muitas frustrações. Quando você estabelece padrões elevados para si mesmo, tanto na forma como se trata quanto na forma como permite que os outros a tratem, você atrai relacionamentos, oportunidades e experiências que correspondem a esse valor. O que você tolera é um reflexo direto da sua autoestima.

"Se você não
se priorizar,

quem fará isso por você?"

Sua vida e seu bem-estar estão em suas mãos. Ninguém pode cuidar de você melhor do que você mesmo. Quando você se prioriza, estabelece um padrão de amor-próprio que impacta todas as suas decisões e relações. Essa responsabilidade é sua – aceite-a com amor e determinação.

10

"Seu valor não depende do reconhecimento alheio,

mas do quanto você reconhece seu próprio potencial."

A validação externa pode ser passageira, mas a verdadeira força está em reconhecer o seu valor, independentemente da opinião dos outros. A confiança em si mesmo não deve ser pautada por elogios ou críticas. Quando você abraça seu potencial e se valoriza, essa certeza interior se torna inabalável.

11

"Cada escolha que você faz é um **reflexo** do quanto você se valoriza."

As suas escolhas diárias revelam o nível de amor que você tem por si mesmo. Quando você opta por aquilo que lhe faz bem, está nutrindo sua autoestima. Escolha com intenção e carinho, pois cada decisão afeta a maneira como você se enxerga e vive. Quanto mais valor você der a si mesmo, mais sábias e empoderadoras serão suas decisões.

12

"Amar a si mesmo é o **ponto de partida** para todas as conquistas."

Nenhuma conquista duradoura vem sem amor-próprio. Quando você se ama, desenvolve uma força interna que alimenta suas ações e o move em direção aos seus sonhos. Sem essa base sólida, as vitórias podem parecer vazias. O amor-próprio é o alicerce que sustenta todas as realizações da sua vida.

"Você atrai aquilo que acredita merecer."

A sua vida é um espelho do que você acredita ser digno de receber. Se você se vê como alguém merecedor de coisas boas, o universo responderá a essa vibração. Em contrapartida, se seus pensamentos são limitados e cheios de autossabotagem, o que você atrai refletirá essa crença. Mude a visão que tem de si mesmo e o mundo mudará com você.

14

"Autoestima é um exercício diário

não um destino final."

A construção da autoestima é um processo contínuo, que requer dedicação e prática. Não é algo que se alcança de uma vez e permanece intacto para sempre. A cada novo desafio, você tem a oportunidade de fortalecer ou enfraquecer sua autoestima. Trate-a como um músculo, que precisa ser constantemente exercitado para manter-se forte.

15

"Quando você se **valoriza,** o mundo aprende a fazer o mesmo."

O respeito que você recebe do mundo exterior começa pelo respeito que tem por si mesmo. A maneira como você se trata estabelece um padrão para os outros. Se você se valoriza e cuida de si, ensina os outros a fazerem o mesmo. O primeiro passo para ser valorizado é se tornar sua maior prioridade.

16

"Você não é suas falhas;

Todos cometemos erros, mas a maneira como você os encara é o que define sua autoestima. Quando você se julga pelas falhas, sua confiança diminui. Mas, se vê esses erros como oportunidades de aprendizado, sua força interior cresce. Transforme cada queda em um degrau para subir mais alto, e sua autoestima se tornará inabalável.

você é as **lições** que tira delas."

"Ter autoestima elevada não é se sentir superior,

Uma autoestima saudável não o coloca acima dos outros, mas também não o deixa abaixo. Trata-se de reconhecer seu valor sem a necessidade de comparações. Quando você entende quem é e o que merece, não precisa se sentir superior ou inferior a ninguém. Você simplesmente é, e isso é suficiente.

mas **reconhecer** o seu próprio valor."

18

"O amor-próprio é a **cura** para a insegurança."

Muitas das inseguranças que você sente vêm da falta de amor por si mesmo. Quando você se ama, a necessidade de aprovação dos outros desaparece, e a comparação perde força. O amor-próprio lhe dá a segurança para ser quem você é, sem a necessidade de validação externa.

19

"A verdadeira confiança vem de saber que você é **suficiente**."

A confiança genuína não é construída em elogios ou na aprovação alheia, mas na certeza de que você é suficiente exatamente como é. Quando você entende isso, liberta-se das expectativas externas e começa a viver uma vida mais autêntica. Ser suficiente é o seu estado natural – não há nada a provar, apenas a ser.

20

"Seus pensamentos moldam sua autoestima.

Escolha-os com cuidado."

Cada pensamento que você tem influencia diretamente sua autoestima. Quando você permite que pensamentos negativos e destrutivos ocupem sua mente, sua confiança enfraquece. Em contrapartida, pensamentos positivos e fortalecedores constroem uma autoestima sólida. Escolha conscientemente o que você pensa, pois seus pensamentos definem a sua realidade.

21

"Você é o autor da sua história.

Escreva-a com amor e coragem."

A vida é um livro, e você é quem detém a caneta. A maneira como você escreve sua história depende de como se vê. Se escreve com medo, a história será de limitações. Mas, se usa o amor e a coragem, sua história será inspiradora e cheia de realizações. Lembre-se: o final feliz que você deseja está em suas mãos.

22

"Não adianta olhar para trás **esperando** encontrar o futuro."

A culpa mantém você preso ao que já passou. Pergunte-se: "O que eu ganho carregando esse peso?" A realidade é que o passado não pode ser alterado, mas pode ser superado. Quando você insiste em reviver o que já foi, está impedindo seu futuro de se manifestar. A chave para a transformação está em aceitar que, embora erros tenham sido cometidos, o aprendizado é o que importa. Que tal começar a ver cada experiência passada como uma lição valiosa, em vez de um fardo? O futuro está esperando por você, mas só poderá revelar-se quando você decidir deixar de carregar o passado.

23

"O primeiro passo é o mais difícil, mas é também o mais libertador."

É normal sentir medo e dúvida antes de dar o primeiro passo, especialmente quando sua autoestima foi ferida por traumas do passado. No entanto, permanecer no mesmo lugar por medo do desconhecido só perpetua o sofrimento. Olhe para sua vida atual e pergunte-se: "O que estou ganhando ao ficar parado?" Ao tomar a decisão de avançar, mesmo com inseguranças, você descobre uma nova força interior que só é ativada pela ação. Lembre-se: o primeiro passo não precisa ser perfeito, ele só precisa ser dado. E a partir desse movimento, você começa a se libertar das correntes invisíveis que o mantinham estagnado.

"A culpa é como uma âncora: prende você no fundo, impedindo-o de emergir."

24

Culpa é um sentimento que corrói lentamente, roubando sua energia e impedindo seu progresso. Imagine-se como um barco que poderia navegar em águas calmas, mas que permanece preso no mesmo lugar porque uma âncora pesada o segura. Agora pergunte-se: "Por que estou permitindo que essa âncora me prenda?" Liberar a culpa significa aceitar que, naquele momento, você fez o melhor que podia com o que sabia. Reconheça que errar faz parte do aprendizado humano e que você não é definido pelos seus erros. Soltar essa âncora é o primeiro passo para emergir à superfície e começar a navegar rumo aos seus sonhos.

25

"Você não pode mudar o que passou,

mas pode mudar o que faz com isso."

A vida é cheia de experiências, algumas boas e outras dolorosas, mas todas trazem consigo a oportunidade de aprender e evoluir. Você pode escolher usar os erros do passado como tijolos para construir um novo caminho. Pergunte-se: "O que aprendi com essa experiência?" Ao tirar lições dos desafios, você transforma o que antes parecia ser um obstáculo insuperável em um trampolim para o crescimento. Sim, o passado não pode ser alterado, mas sua perspectiva sobre ele pode. E é essa mudança de visão que vai permitir que você avance com mais confiança e menos arrependimento.

26

"A estrada à sua frente está **livre,**

mas você precisa soltar o retrovisor."

Enquanto você continuar olhando para trás, esperando consertar o que já passou, perderá todas as oportunidades que o presente e o futuro têm a oferecer. Pergunte a si mesmo: "Como posso seguir adiante se continuo preso às lembranças do passado?" A culpa atrasa sua caminhada e o impede de ver os novos horizontes que estão prontos para serem explorados. Ao soltar o retrovisor emocional, você se abre para novas experiências, para novas formas de se ver e se valorizar. E, mais importante, permite que a vida aconteça de forma plena e livre de amarras.

27

"Você só precisa do presente para **recomeçar.**"

O presente é o único tempo que realmente importa, pois é nele que você tem poder de agir, decidir e transformar. Pergunte-se: "O que posso fazer agora, neste exato momento, para mudar minha vida?" A culpa pelo passado o mantém preso em um círculo vicioso, em que você revive os erros e se sente impotente. Mas o poder está sempre no presente, em que você pode escolher um novo caminho. Comece com pequenos passos: reavalie seus pensamentos, ações e comportamentos. Ao focar no presente, você percebe que o recomeço não é um grande salto, mas uma série de pequenos passos conscientes.

28

"Quem caminha de **cabeça erguida** não carrega pesos desnecessários."

Quando você se permite carregar culpas e arrependimentos, está abaixando sua própria cabeça, impedindo-se de ver as oportunidades que surgem à sua frente. Pergunte-se: "Estou me prendendo ao que foi ou estou disposto a criar o que pode ser?" Carregar o passado é como tentar subir uma montanha com uma mochila cheia de pedras – você pode até conseguir, mas o esforço será muito maior e mais doloroso. Abandone o que já não lhe serve. Ao erguer sua cabeça e caminhar leve, você descobrirá que a jornada se torna mais fluida, e suas metas, mais acessíveis.

29 "Você não está aqui para acertar sempre,

Muitas vezes, somos duros demais conosco, esperando perfeição em cada decisão que tomamos. Mas a verdade é que os erros são parte essencial do crescimento. Pergunte-se: "Estou me permitindo aprender ou me cobrando por cada erro?" A culpa faz você sentir que falhar é o fim, quando na realidade é apenas o começo de uma nova compreensão. Quando você se dá a liberdade de errar, começa a entender que o erro é um mestre, não um juiz. Ele lhe ensina o que funciona e o que não funciona, e, ao aceitar isso, você abre espaço para o progresso e para uma autoestima mais resiliente.

mas para aprender com cada passo."

30

"A estrada do **perdão** começa com o perdão a si mesmo."

É impossível seguir adiante carregando o peso da autocrítica constante. O primeiro passo para o perdão verdadeiro é perdoar a si mesmo por todas as vezes que você sentiu que falhou. Pergunte-se: "Como posso esperar ser perdoado pelos outros se eu mesmo não me dou essa chance?" O perdão é uma escolha, e ele começa dentro de você. Ao perdoar-se, você abre espaço para que novas energias entrem em sua vida, energias de cura, de renovação e de autoconfiança. Cada vez que se perdoa, você se liberta um pouco mais das correntes invisíveis do passado.

"O caminho certo é aquele que você **escolhe** seguir, sem ser preso pelo passado."

A vida é feita de escolhas, e você tem o poder de escolher o caminho que deseja trilhar. Pergunte-se: "Estou vivendo a vida que escolhi ou ainda estou preso ao que me aconteceu?" O passado só tem o poder que você decide dar a ele. Ao se libertar das culpas e arrependimentos, você retoma o controle da sua vida e da sua jornada. O caminho certo é aquele em que você avança com confiança, sem olhar para trás, sabendo que cada passo é uma nova escolha. Reivindique sua estrada e siga adiante, com a certeza de que o poder de construir o futuro está em suas mãos.

"Seu poder está na **decisão** de se valorizar, todos os dias."

A autoestima começa com uma decisão: a de se valorizar incondicionalmente. As decisões que você toma diariamente moldam seu destino. Pergunte-se: "Estou decidindo me valorizar hoje?" Quando você faz disso um hábito, sua confiança cresce, e sua vida começa a refletir essa mudança. Não espere que os outros decidam por você. Escolha agora ser a melhor versão de si mesmo e observe o impacto dessa escolha em sua jornada.

33

"Você não é definido pelas suas falhas, mas pelo que faz **depois** delas."

Erros são parte do processo de crescimento e aprendizado. Quando você olhar para uma falha, pergunte-se: "O que posso aprender com isso?" Transformar os erros em lições valiosas é a chave para fortalecer sua autoestima. Cada erro traz uma oportunidade de crescimento, e, ao transformá-los em aprendizado, você deixa de ser prisioneiro do passado e se torna o criador de novas possibilidades.

34

"Suas emoções são a **chave** para sua transformação."

As emoções têm o poder de movê-lo em direções positivas ou negativas, dependendo de como você as utiliza. Quando você se sentir desafiado, pergunte-se: "Como posso transformar essa emoção em algo que me fortaleça?" Não permita que emoções negativas o controlem. Ao aprender a canalizá-las de forma construtiva, você descobre uma fonte de força interior que pode gerar mudanças profundas em sua vida.

35

"Autoestima elevada é resultado de **hábitos diários poderosos**."

Sua autoestima é construída com pequenas ações que você realiza todos os dias. Pergunte-se: "Quais hábitos estou cultivando para me valorizar mais?" Não é adequado fazer grandes mudanças de uma só vez, mas manter uma constância em ações simples, como se elogiar, cuidar de si mesmo e definir metas claras. Quando você adota hábitos fortalecedores, sua autoestima se torna firme e duradoura.

"Seus **padrões** de pensamento definem sua realidade."

O que você pensa sobre si mesmo tem o poder de moldar sua vida. Pergunte-se: "Quais padrões de pensamento estou alimentando?" Pensamentos negativos limitam sua autoestima, enquanto pensamentos fortalecedores a elevam. Ao escolher conscientemente pensamentos que o impulsionam, você começa a criar uma realidade mais alinhada com quem você quer ser. O que você acredita sobre si se reflete em suas ações e no mundo ao seu redor.

> "Quanto mais claro seu **objetivo**, mais forte sua autoestima."

Clareza é fundamental para o fortalecimento da autoestima. Pergunte-se: "O que quero para minha vida e como minha autoestima pode me ajudar a alcançar isso?" Quando você tem metas claras, a confiança aumenta, porque você sabe exatamente o que está buscando. Cada pequena vitória fortalece sua autoestima, e essa confiança o empurra para conquistas maiores e mais significativas.

38

"O passado é uma **lição**, não uma sentença."

O passado não determina quem você é hoje, mas pode servir como um guia valioso para o futuro. Pergunte-se: "Estou vivendo preso ao que aconteceu ou estou utilizando essas experiências para crescer?" O que aconteceu antes é apenas um capítulo, não o livro todo. Quando você aprende com o passado e segue em frente, sua autoestima se fortalece, e você se abre para novas possibilidades.

"Você atrai o que vibra em seu interior."

O que você sente e acredita internamente se reflete no mundo ao seu redor. Pergunte-se: "O que estou vibrando internamente?" Se você carrega inseguranças ou falta de amor-próprio, isso se manifesta em suas experiências. Mas ao cultivar confiança e autoestima, você começa a atrair relacionamentos, oportunidades e situações que refletem esse valor interior. Sua vida externa sempre será um reflexo de sua vida interna.

40

"Você **merece** o sucesso tanto quanto qualquer outra pessoa."

A crença de que você merece o sucesso é essencial para alcançá-lo. Pergunte-se: "Estou me permitindo acreditar que sou digno de prosperidade ou estou me sabotando com pensamentos limitantes?" Quando você aceita que merece o melhor, sua autoestima cresce, e o sucesso se torna uma consequência natural dessa crença. O merecimento é um estado interno que se manifesta em ações e resultados externos.

41

"Seja a **fonte** do amor que você procura."

O amor-próprio é a base de todas as suas conquistas. Pergunte-se: "Estou buscando amor e validação fora de mim ou estou cultivando esse amor internamente?" Quando você se torna a fonte de seu próprio amor e valor, sua autoestima se fortalece. O que você procura nos outros você já possui. Ao reconhecer isso, você atrai relacionamentos e experiências que refletem esse amor-próprio e autoconfiança.

42

"Quanto mais você se **valoriza**, mais o mundo o valoriza."

A maneira como você se trata define o tratamento que você recebe do mundo. Se você se desvaloriza, permite que os outros façam o mesmo. Mas, quando você se enxerga como alguém digno de respeito e amor, cria um padrão que influencia a forma como os outros o tratam. A autoestima não é apenas uma questão de se sentir bem consigo mesmo, é também uma declaração sobre como você espera ser tratado. Pergunte-se: "Estou estabelecendo um padrão alto o suficiente para a forma como mereço ser tratado?" Quando você se valoriza, o mundo responde com oportunidades, respeito e prosperidade. Cuidar de si mesmo, em todos os aspectos – mental, emocional e físico –, envia uma mensagem clara ao universo: você merece o melhor.

"Autoestima elevada é a **raiz** de toda prosperidade duradoura."

A prosperidade externa é reflexo da prosperidade interna. Você só pode alcançar o sucesso verdadeiro e duradouro quando acredita que merece isso. Pergunte-se: Estou realmente aberto para receber o que a vida tem de melhor?" Se você não se valoriza o suficiente, acabará sabotando suas próprias oportunidades, seja por medo, seja por insegurança ou por se sentir indigno. Cultivar a autoestima é como plantar uma árvore: quanto mais forte a raiz, mais altos e sólidos serão os frutos que você colhe. A prosperidade se manifesta quando você alinha suas ações ao seu valor pessoal e se vê como alguém merecedor de abundância.

"**Amar** a si mesmo é o primeiro passo para atrair abundância."

44

O amor-próprio não é um luxo, é uma necessidade fundamental para quem deseja prosperar. Quando você se ama e cuida de si, está criando uma base sólida sobre a qual a prosperidade pode florescer. Pergunte-se: "Estou me tratando com o respeito e o cuidado que mereço?" As pessoas que atraem prosperidade em sua vida não esperam que os outros as valorizem primeiro; elas estabelecem esse valor dentro de si. Amor-próprio não é apenas aceitação, mas ação: cuidar do seu bem-estar, investir em seu crescimento e estar disposto a abrir mão do que não serve para algo maior e melhor.

"Você só pode dar ao mundo o que tem em **abundância** dentro de si."

Se você deseja dar ao mundo – seja amor, seja prosperidade ou sucesso –, primeiro precisa ter isso dentro de si. Pergunte-se: "Estou cheio de amor e autovalorização ou estou tentando extrair isso dos outros?" A verdadeira prosperidade começa internamente. Quando você transborda de amor-próprio, esse sentimento se espalha e cria um impacto positivo em tudo o que toca. Se você tentar atrair sucesso sem se amar verdadeiramente, tudo o que conquistar será frágil e insustentável. Mas, se você cultivar uma abundância interna, suas conquistas serão sólidas e duradouras, porque estarão enraizadas em uma autoestima forte.

"O sucesso que você atrai é proporcional ao amor-próprio que você **cultiva**."

Quanto mais você investe em si, mais o universo investe em você. Sucesso e prosperidade não surgem apenas de trabalho duro ou do talento, mas de uma profunda crença em seu próprio valor. Pergunte-se: "Quanto estou disposto a investir em meu próprio crescimento?" Quando você se coloca como prioridade, cuidando da sua saúde mental, física e emocional, o mundo começa a refletir isso de volta. O sucesso é atraído por aqueles que se veem dignos dele. A prosperidade não é apenas o que você conquista, mas o reflexo de como você se enxerga e se trata diariamente.

47

*"Quem se ama de verdade **nunca** aceita menos do que merece."*

A autoestima elevada coloca um limite claro sobre o que você tolera em sua vida. Quando você se valoriza, não há espaço para relações tóxicas, oportunidades que não o elevam ou ambientes que o deprimem. Pergunte-se: "Estou aceitando menos do que mereço em alguma área da minha vida?" Ao se amar verdadeiramente, você estabelece padrões elevados, e tudo que não estiver à altura disso naturalmente se afasta. O poder da autoestima é que ela age como um filtro: o que não está alinhado ao seu valor é automaticamente rejeitado, e o que fortalece seu crescimento se aproxima.

48

"Autoestima é o **alicerce** sobre o qual você constrói sua vida."

Se você deseja construir uma vida de sucesso e abundância, precisa começar pelo alicerce: sua autoestima. Sem ela, qualquer conquista será instável e facilmente abalada pelos desafios da vida. Pergunte-se: "Estou construindo minha vida em uma base sólida de amor-próprio ou em dúvidas e inseguranças?" Investir em sua autoestima é como reforçar os pilares da sua vida. Com uma base forte, você pode suportar as tempestades e continuar crescendo. Tudo começa com o quanto você acredita no seu próprio valor e na capacidade de criar uma vida à altura desse valor.

"O que você **tolera** define o que você recebe."

49

Cada vez que você aceita menos do que merece está dizendo ao mundo que está disposto a receber menos. Sua autoestima determina o nível de sucesso, amor e prosperidade que você atrai. Pergunte-se: "Estou aceitando coisas em minha vida que estão abaixo do meu valor?" Se você não define limites saudáveis, o mundo não saberá como o tratar. A prosperidade começa quando você diz "não" ao que diminui você e "sim" ao que o eleva. Seu padrão de vida é determinado pelo que você tolera, e elevar sua autoestima é a chave para atrair melhores resultados em todas as áreas.

"Amar a si mesmo é o maior ato de **coragem**."

50

Amor-próprio é muitas vezes desafiador, porque exige que você enfrente suas sombras, cure velhas feridas e abra mão de padrões que não lhe servem mais. Pergunte-se: "Estou tendo a coragem de me amar plenamente, apesar de minhas falhas e vulnerabilidades?" O amor-próprio não é egoísmo, é coragem. É ter a força de olhar para dentro e dizer: "Eu sou suficiente." Quando você se ama dessa forma, transforma sua vida, porque não aceita menos do que aquilo que o faz crescer. A prosperidade surge como consequência natural dessa coragem.

51

"Você é o **arquiteto** da sua autoestima e da sua prosperidade."

Ninguém pode construir sua autoestima por você. Assim como você é o único responsável por criar sua prosperidade, também é o responsável por nutrir seu amor-próprio. Pergunte-se: "Estou esperando que outros me deem valor ou estou construindo esse valor internamente?" Ao tomar posse desse processo, você se torna o arquiteto da sua própria grandeza. Quando você decide que é merecedor de prosperidade, todo o seu comportamento muda para alinhar-se com essa crença, e o mundo começa a abrir portas que antes estavam fechadas.

"A prosperidade começa quando você se reconhece como **digno** dela."

A crença no seu merecimento é o primeiro passo para abrir as portas da prosperidade. Pergunte-se: "Estou me vendo como alguém digno de sucesso e abundância?" Se você não se considerar merecedor, inconscientemente sabotará suas oportunidades. Reconhecer seu valor é fundamental para manifestar a vida que você deseja. Prosperidade não é resultado do que você faz, mas de quem você acredita ser. Quando você se vê como digno, o mundo começa a entregar o que você tanto busca.

53

"Quanto mais você se ama, mais o universo conspira a seu favor."

O amor-próprio cria uma energia que atrai oportunidades, pessoas e circunstâncias que estão em sintonia com seu valor. Pergunte-se: "Estou me amando o suficiente para permitir que o universo me traga o que eu realmente mereço?" Ao elevar seu amor-próprio, você eleva sua vibração, e o mundo responde trazendo experiências que refletem essa nova versão de você. O universo está sempre pronto para conspirar a favor daqueles que se tratam com o valor e o respeito que merecem.